DE

LA TYRANNIE

PARISIENNE

ET

DU SALUT PUBLIC.

> La centralisation moderne a fait briller sans doute la puissance de l'esprit humain dans les capitales, mais elle a fait disparaître des provinces tout ce qui portait le caractère de l'intelligence, de la vigueur, de la grandeur et du patriotisme.
>
> SISMONDI.

TOULOUSE,

IMPRIMERIE DE A. CHAUVIN ET COMP.,

RUE MIREPOIX, 3.

1848.

Ces lignes étaient écrites, lorsque les funestes événements de
Paris sont venus en interrompre la publication. Nous ne voulons
y rien changer ; le blâme adressé aux personnes était modéré,
nous ne le rendrons pas plus sévère. Mais après avoir vu la destinée de la France entière soumise aux mouvements du télégraphe,
nous avons le droit d'insister sur nos conclusions ; la patrie suc-
combe sous la massue de la centralisation, désarmons ceux qui
n'en usent que pour faire triompher leur maudite ambition.

DE
LA TYRANNIE PARISIENNE

ET

DU SALUT PUBLIC.

———◦—◉—◦———

Le mal est profond, la défiance universelle ; l'avenir du lende-main est aussi obscur que pouvait l'être le vingtième siècle pour les penseurs de l'an passé. Chacun s'efforce de trouver le salut, excepté ceux qui ont fait la crise ou l'ont provoquée : les uns, usant leurs forces à réveiller des morts, appellent l'une ou l'autre des dynasties disparues ; les autres ne voient de salut que dans le renversement de l'ordre social tout entier ; *alii globis eruptionem tentavere.* Ouvriers infatigables de destruction, de toutes leurs ruines ils n'ont pas encore relevé une pierre ; ceux-ci croient que, pour faire le bonheur du peuple, il suffit de parodier une époque sanglante et décriée : toute leur politique se réduit à un *ana* révolutionnaire.

Dans le camp des socialistes, chaque jour un Dieu se révèle. Des hommes trop simples, lorsqu'ils ne sont pas de détestables hypocrites, prétendent à l'invention en politique : ils croient qu'on réforme un puissant état moderne comme une commune de l'an-cienne Grèce ou de l'Italie du moyen-âge. Fous de domination, ils veulent plier l'espèce humaine à leurs rêves insensés, que cha-que jour voit naître et mourir.

Le gouvernement, enfin, agit exactement comme son prédé-cesseur : sans initiative, sans conscience du danger qui le menace, ni de sa mission qu'il n'accomplit pas, il consomme, émarge et attend. Il voudrait le bien, l'ordre et la paix, je veux bien le croire ; mais il ne peut les fonder, à peine ose-t-il les conseiller timidement : *nunc pax et concordia disturbantur palam, defenduntur occultè.*

Qu'est-ce que les ministres ? Je demande la biographie des mi-nistres : le gouvernement nous la doit. Au milieu de toutes nos douleurs, un peu de gaîté s'il vous plaît. Je vous entends : ce sont les valets du journalisme. C'est beaucoup aujourd'hui, nous le savions; mais, par grâce, quelques détails de plus, que nous sachions où ces hommes ont pris le droit, c'est-à-dire la capacité de nous gouverner.

Voilà le seigneur Flocon ministre de l'agriculture ! Où l'a-t-il apprise? Dans les bureaux enfumés d'un journal venimeux. Il veut créer des écoles professionnelles d'agriculture ; c'est toujours ainsi que procède le journaliste parisien : enseigner ce qu'il ignore à ceux qui le savent et le pratiquent, voilà son emploi de chaque jour. Il manque d'eau pour se laver les mains, et il vous exposera des théories d'irrigations ; il ne voit que les forêts en toile peinte de l'Opéra, il vous endormira de trois colonnes sur la sylviculture ; il ne connaît du sol qui le nourrit que la crotte du boulevard, et il prétendra réformer vos assolements. O Parisiens, ce n'est ni avec vos tartines imprimées de chaque jour, ni avec des chaires grassement rétribuées que vous ferez naître un grain de blé.

Avec tout cela, au contraire, vous ferez bientôt de la France une nouvelle campagne romaine, une lande livrée à la vaine pâture de quelques maigres troupeaux.

Quant aux écoles, mon pauvre ministre, vous seul avez besoin d'y aller. Vous ignorez, j'en suis sûr, ce que c'est qu'une charrue ; c'est pourtant une machine ingénieuse, mais qui ne se devine pas au Conservatoire des arts et métiers. Il faut la voir et la faire fonctionner. Allez donc tracer votre premier sillon, l'empereur de la Chine le fait bien, lui : vous reviendrez ensuite reprendre votre portefeuille, et nous ne perdrons rien pour attendre. Car, que diable voulez-vous que nous fassions d'un ministre de l'agriculture ? c'est tout ce qu'il y a de plus inutile dans cette immensité de pièces inutiles qui composent votre appareil administratif, aussi coûteux que stérile.

Votre nomination seule prouve, ou que le gouvernement est de notre avis et croit votre ministère superflu, ou qu'il se joue bien effrontément du sort de vingt-un millions d'individus vivant de l'agriculture, en en confiant l'administration à un homme qui ne saurait pas discerner le seigle du froment ou un araire d'une charrue.

Ne comptons donc que sur nous-mêmes, découvrons hardiment notre honteuse plaie; éclairée, sondée, elle sera à moitié guérie.

Pas de vaines théories, des faits, des faits et un peu de bon sens pour en tirer les conclusions.

Pendant que l'Amérique, d'un pas rapide et jamais interrompu, fondait sa puissance et développait sa richesse, grâce à des institutions raisonnables, sans que jamais la liberté reçût la moindre atteinte ; pendant qu'elle élevait la dignité du citoyen, aussi haut que Rome ait jamais pu le faire, la France, de plus en plus obérée, passait de la licence à la tyrannie, ne secouait le joug sanglant de la commune de Paris que pour tomber dans la corruption du Directoire et de là sous le despotisme militaire, subissait la ruine et la honte de deux invasions, et acceptait enfin tous les gouvernements d'occasion qui lui étaient imposés.

Comment expliquer cette infériorité manifeste si peu honorable pour notre pays ? Est-ce prééminence de la race anglo-américaine, ainsi qu'elle est volontiers disposée à le prétendre ? N'est-ce pas plutôt, comme nous le croyons, l'effet d'un vice radical dans notre institution politique ?

Ce vice, tout le monde l'a nommé, c'est la centralisation. En signaler les détestables effets, les funestes conséquences, est le devoir de tout homme sincèrement attaché à son pays. Ce sujet est inépuisable ; nous ne prétendons en examiner ici que les éléments les plus saillants, et avec la briéveté que commande le désir d'être lu.

L'unité et la centralisation sont deux choses fort différentes que les partisans intéressés de ce dernier système ont confondues à dessein; ils ont prétendu trouver, dans la flèche centrale, la force du faisceau tout entier. L'histoire a prononcé, mais l'aveuglement d'un côté, la présomption et l'insolence de l'autre, ne diminuent point. Malgré de si cruels et de si fréquents démentis, on invoquera encore la grandeur nationale pour laisser la France sous l'écrasante domination de Paris.

Quelle plus puissante unité que celle des États-Unis d'Amérique ? L'a-t-on jamais vue s'amoindrir devant une puissance étrangère ? Du golfe du Mexique au fleuve Saint-Laurent, l'esprit de nationalité ne se manifeste-t-il pas énergiquement ? La souveraineté politique, enfin, concentrée dans une seule main, ne s'y exerce-t-elle pas avec majesté et persévérance ? Et pourtant la souveraineté communale (car les états sont assez resserrés pour n'être que de grandes communes) n'est nulle part aussi respectée.

Tentez d'établir en France l'organisation américaine : vous pouvez prévoir tels inconvénients qu'il vous plaira, mais, à coup sûr, vous ne prétendrez pas que le pays s'insurgeât pour la repousser.

Essayez, au contraire, d'introduire en Amérique vos procédés de gouvernement, et vous seriez pulvérisés au plus vite, si vous ne tombiez plutôt encore sous la risée publique.

Personne ne niera, je crois, que cette double épreuve, quoique imaginaire, ne soit convaincante.

Qu'on nous épargne cette banale objection de l'isolement des Etats-Unis et de notre ceinture de peuples ennemis : où sont-ils aujourd'hui ? D'ailleurs, vous me citez 93 comme le triomphe de la centralisation ; je réponds par 1814 et 1815, fatales époques où toute résistance s'éteignit aussitôt que le premier Cosaque eut pénétré dans Paris.

La centralisation est une arme de guerre à outrance qu'on doit s'empresser de déposer à la paix. C'est la pesante armure du combat dont il faut débarrasser le travailleur pacifique. Cette arme est d'ailleurs usée aujourd'hui comme la baliste et la catapulte ; elle ne pouvait convenir qu'à des guerres de conquête dont le temps est passé. L'admirable résistance de l'Espagne en 1812 n'eût pas été possible, si ce pays eût été courbé sous le joug de la centralisation. Elle est impuissante pour protéger la société et maintenir la nationalité elle-même. M. de Cormenin, le plus obstiné partisan de ce système de gouvernement, est forcé de reconnaître : « Que la cen- » tralisation menace la sûreté de l'Etat et la liberté des citoyens; » qu'elle nuit à la bonne gestion des intérêts locaux.

» En effet, dit-il, la centralisation appartient au premier occu- » pant et passe, avec l'empire, des mains de celui qui le tient aux » mains de celui qui le prend. L'histoire de nos cinquante années » le démontre. Entre deux prétendants, voulez-vous savoir qui » est légitime, ne demandez pas qui a le droit, mais qui a Paris ; » qui a Paris règne, qui a Paris a la France. »

A Paris, il y a peut-être des citoyens ; hors de Paris, il n'y a qu'une multitude sans droits, par conséquent privée de force et de vie.

Les journalistes parisiens ont bien le sentiment de cette injustice dont ils profitent, et ils cherchent à la déguiser à l'aide du mensonge, à la perpétuer par nos divisions. « Lorsque les Romains, » dit un auteur célèbre, laissaient la liberté à quelques villes, ils y » faisaient d'abord naître deux factions : l'une défendait les lois et » la liberté du pays, l'autre soutenait qu'il n'y avait de lois que la » volonté des Romains ; et comme cette dernière faction était tou- » jours la plus puissante, on voit bien qu'une pareille liberté n'était » qu'un nom. »

Nos maîtres de Paris s'efforcent de combattre ce qu'ils appellent la jalousie des départements, et ils disent que les habitants de Paris sont les vrais représentants de la France, étant nés la plupart sur tous les points de la République. Mais à Constantinople aussi il y a beaucoup de Français nés dans toute l'étendue du territoire : que ne leur donnons-nous le droit de nous gouverner? Que nous importe où vous êtes nés? Que vous soyez les fils des concierges parisiens ou les enfants perdus des départements, cela nous intéresse peu ; mais c'est précisément parce que vous résidez à Paris que nous ne. vous connaissons pas, et que vous ignorez nos besoins et nos intérêts, qui sont bien loin d'être les vôtres. C'est pour cela que nous ne devons pas vous en confier le soin, et nous verrons d'ailleurs comment vous l'entendez.

Quelle humiliation que cette soumission de la France à tous les caprices d'une ville, pour si grande qu'elle soit. Ne l'a-t-on pas vue publier, avec une insolence égale à notre faiblesse, jusqu'à la liste de nos représentants ? Je crois ce fait inouï dans l'histoire : on ne saurait trop le dénoncer à l'exécration publique. Paris vous dit : Je vous donne le suffrage universel, mais à condition que vous nommerez les candidats que je vous désigne. On a vu, sans rougir, cette liste couverte de noms inconnus ou odieux, et pour la faire prévaloir, on vous a expédié une nuée d'agents de désordre et de corruption. La France a entendu un langage inconnu jusqu'alors, celui de la menace et du défi. Que penser d'une pareille tolérance ? L'auteur de cette insulte à la patrie eût été flétri et traîné aux gémonies en Angleterre ou en Amérique, et cela par tous les partis; en France, il exerce une part de la puissance publique. Représentant de toutes les mauvaises passions de la capitale, il organise, il solde et il arme des bandes de factieux ; il confiera à des ennemis ou à des traîtres la magistrature de la police et le commandement de la garde nationale ; et ainsi appuyé, il arrachera de la faiblesse de l'assemblée une prolongation de pouvoir dont il usera contre elle. Singulier et navrant spectacle : on invoque le suffrage universel et on s'en défie; on l'organise et on le menace en même temps, si ses résultats ne satisfont pas nos maîtres, de nous ne savons quelle réforme que la langue politique se refuse à définir. Une révolution faite au nom du droit consacre et développe tous les abus de la force ; une révolution faite au nom de l'économie renverse la fortune publique et fait naître une fiscalité plus âpre, plus rapace que celle des traitants de l'ancien régime. Elle ira dans ses excès, le croirait-on ? jusqu'à imposer au débiteur la délation de son créancier et la publicité de ses propres embarras. Jamais gouvernement despotique a-t-il porté de plus graves atteintes à la dignité humaine ? Ignorante et prévenue, la fiscalité nouvelle justifiera la spoliation par les plus grossiers sophismes ; l'expropriation deviendra la consécration du droit de propriété; l'impôt ne sera plus l'impôt, ou du moins le contribuable n'est plus le propriétaire, mais un être fabuleux, ante-déluvien qu'il n'y a aucune raison d'épargner. Ces financiers d'estaminet ont fait, il faut le reconnaître, une véritable découverte : l'impôt, entendez-vous, l'impôt lui-même est pour eux une nouvelle matière imposable. La contribution des 45 c. porte, on le sait, en partie sur les impositions départementales ou communales qui ne prouvent que les besoins des localités où on les a votées. A cette capitale objection, le ministre répond avec une légèreté de mousquetaire, qu'il aurait fallu du temps pour faire de nouveaux rôles. N'est-ce pas là administrer à la turque ? En Afrique, de pareils procédés portent le nom de razzia : comment les qualifier en France ?

Poursuivons les gestes, je devrais dire les tours de ce ministre introuvable : pour lui, le capital, cet admirable instrument de la prospérité publique, deviendra un ennemi dangereux qu'il se félicite d'avoir *pris sur le fait ;* en présence des mercuriales qui accusent le vil prix des denrées agricoles, il ne craindra pas d'affirmer qu'elles sont plus recherchées à proportion de la dépréciation des autres valeurs.

Le mensonge sera-t-il donc toujours le caractère distinctif d u langage officiel ? Les assemblées auront-elles toujours peu de goût ou à peine de l'indulgence pour la vérité ?

« Le gouvernement nouveau, prétend le ministre, se devait à » lui-même de fournir aux travailleurs, en attendant l'avenir, un » travail provisoire. »

Il semble, d'après cela, que la part disponible de l'ancien budget, que les ressources produites par les nouveaux impôts, vont être réparties dans tous les départements et affectées de préférence à des travaux publics qui, tout en fournissant du travail aux ouvriers déclassés, aient un but utile. Car, enfin, la misère, bien que centralisée à Paris, n'y est pas tout entière. Il y a des gens qui souffrent ailleurs, et, quoique disséminés, ils n'ont pas moins de droits à la sollicitude des pouvoirs nouveaux.

Mais vous comptez avec la justice et vous oubliez la centralisation. Robespierre avait dit : Périssent les colonies plutôt qu'un principe. Mais ce principe, il faut le dire, c'était celui de la liberté et de la dignité humaine. Les successeurs de Robespierre, rois ou consuls, ont dit invariablement après lui : Périssent les départements plutôt qu'un principe. Mais ce principe, était la centralisation, instrument mis à la portée de tous les ambitieux, aussi avides de pouvoir qu'indifférents au bien de la patrie. Aussi, je le demande, cette caisse centrale, que nous alimentons avec une si déplorable facilité, a-t-elle apporté son obole aux misères des départements ? J'en appelle à chacun : a-t-on vu une seule infortune soulagée par ces avides publicains qui s'enrichissent de nos dépouilles ? En fait de travaux publics, dans le Midi, qu'y a-t-il eu de nouveau depuis février, si ce n'est leur suspension ?

Savez-vous ce qu'il y avait à faire, pour rendre juste, fécond, volontaire et rapide le paiement des 45 centimes ? Une seule chose et bien simple : décider que leur emploi intégral aurait lieu dans chaque commune sous la direction des conseils municipaux. Vous n'auriez pas élevé, il est vrai, par ce moyen de fastueux palais, ou multiplié d'une façon scandaleuse les voies de fer dans une même région, au risque de les voir inoccupées ; vous n'auriez pas gratté, sous-gratté et regratté les Champs-Elysées et le Champ-de-Mars, mais vous auriez rendu au pays un service signalé, et à la paix publique une garantie puissante, en restant d'ailleurs dans la limite rigoureuse de vos devoirs.

Au lieu de cela, que faites-vous ? Vous tenez vos barrières toutes grandes ouvertes aux écus des départements, et vous les fermez à leurs ouvriers. En ce temps de prétendue fraternité, de prétendue démocratie, vous interdisez la capitale aux gens sans ressources, et ces ressources vous les accumulez toutes dans Paris : le ridicule cède ici à l'odieux.

Les mauvais principes ont malheureusement leurs conséquences comme les bons : les misères, les hontes de la France depuis cinquante ans n'ont pas d'autre cause que cette centralisation aussi absurde qu'inique. La Belgique et les provinces du Rhin ont subi et apprécié le joug de Paris : amies d'abord et presque françaises, la violence pourrait seule aujourd'hui les rattacher à notre nationalité.

Empressons-nous, d'ailleurs, de le reconnaître, ce vice inhérent et fatal à tous nos gouvernements depuis cinquante ans n'a sa raison d'être que dans la monarchie. La République doit infailliblement tôt ou tard nous en affranchir. Qu'elle vive donc pour apporter cet immense bienfait à la France ; disons mieux, la République n'est viable qu'à cette condition.

Qu'on ne s'y trompe pas, cependant, Paris ne se laissera pas arracher sans résistance ses priviléges les plus odieux. Pas un habitant de cette ville qui ne profite à des degrés divers de notre exploitation. C'est une agglomération de parasites de toute espèce, de tout sexe, de toute forme et nuance, mais qui se nourrissent tous d'une substance unique, qui est la nôtre. Pas un Parisien qui n'ait conscience de sa mission de rongeur. Les journalistes sont les plus dangereux ; ils ont des appétits immodérés, et sont décidés à se faire l'application de la célèbre et naïve formule de M. Cabet : A chacun selon ses besoins. Pour les satisfaire, il leur faut des abonnés à tout prix. Une révolution est une excellente réclame, la presse sera donc révolutionnaire quand même. Mais les intrépides démolisseurs, pas plus que les conservateurs encroutés vaincus aujourd'hui, n'auront garde de dénoncer l'abus de la centralisation, car ils en vivent tous. Ecoutez plutôt M. de Cormenin, auteur du roman de la *Centralisation.* « Paris consomme,
» boit et mange, joue la comédie et s'amuse pour Nantes, Stras-
» bourg, Lille, Rouen, etc. Paris administre, règlemente et gou-
» verne pour Nantes, Strasbourg, Lille, etc.; enfin, Paris s'insurge
» et révolutionne la France pour toutes les autres villes, à leur
» intention et *à son profit*, tous les quinze ans l'un dans l'autre. »
Voilà qui est pour nous avantageux et flatteur.

L'auteur continue :

« Dire que, sans la centralisation parisienne, il y aurait dans
» les autres grandes villes de France, plus de science, de littéra-
» ture et d'art; plus de luxe, d'éclat, de goût, de génie, c'est
» vrai ; plus d'originalité dans les mœurs locales, des aspects plus
» florissants et plus variés, et un meilleur opéra, c'est vrai, et qui
» le nie ? mais vous n'auriez pas la centralisation. »

Quelle touchante compensation ! Ne semble-t-il pas entendre le maître dire à son esclave : Si tu étais libre, tu aurais une épouse fidèle et respectée, des enfants chéris et élevés avec amour dans la voie de la justice, Dieu bénirait ton travail, et vous en jouiriez tous dans une concorde heureuse et sainte ; c'est vrai, et qui le nie ? mais tu n'aurais pas l'esclavage.

Et plus loin, après une longue énumération des caprices de la grande ville :

« En 1814, le sénat, ce corps de vieillards impuissants et dé-
» criés, prononça la déchéance du grand empereur, et tout le
» monde les suivit.

» En 1830, la chambre des députés dissoute et sans mandat,
» étouffa, par sa seule présence, les tentatives *républicaines* et na-
» poléoniennes, improvisa une charte, donna un sceptre, et la
» nation la laissa faire.

» Il n'est pas même toujours besoin d'avoir le droit pour soi, il
» suffit d'en avoir l'apparence.

» *Ces choses-là ne se voient que dans les états centralisés.*

» Chaque secte, chaque opinion n'a pas, jour et nuit, un désir,
» un vœu, une aspiration, une pensée, une action, un mouve-
» ment qui ne tende à s'emparer de la centralisation. Le pouvoir en
» est averti, il le voit, il en tremble, il en meurt, et il ne fait rien. »

Et vous croyez qu'après avoir dénoncé des vices aussi mons-
trueux, une situation aussi absurde, l'auteur, va conclure en
en demandant la réforme ! Erreur, l'auteur sait bien que son tour
viendra de s'en emparer ; et, en effet, il préside aujourd'hui le
Conseil d'Etat, et, par une fatalité lamentable, c'est lui qui va nous
tailler une constitution, qui ne sera autre chose sinon l'extrait
mortuaire de la France.

Avisez, ou commandez son cercueil.

Ne soyez pas asez simple, en effet, pour imaginer qu'il vous
suffise de nommer une assemblée qui vous représente et garan-
tisse votre souveraineté ; car son droit, ne fût-il pas nié par l'armée
toute-puissante de l'anarchie, serait confisqué par des influences
occultes ou patentes ; et cette assemblée séduite, si elle n'est pas
opprimée, se tournera toujours contre vous, à moins qu'elle ne
voie dans les départements renaître un esprit public que la ville a
si longtemps étouffé, et se manifester la conscience du droit, en
même temps que la résolution d'en réclamer l'exercice.

Examinez ce symptôme : M. de Lamennais, membre du Comité
de constitution, avait présenté un projet qui devait aider les départements dans leur résurrection ; honneur et louange à lui ! Mais
qui s'en est ému, qui a applaudi à cette honnête tendance, si mé-
ritante aujourd'hui ? *Vox clamantis in deserto.* M. de Lamennais
s'est retiré quittant le place au citoyen Marrast, qui veut que Paris
soit le maître.

Et vous, département de la Haute-Garonne, vous confiez au
loup dévorant la garde du troupeau !

M. de Cormenin fait valoir, cela va sans dire, tous les avantages d'une centralisation corrigée de ses abus et réduite à de justes limites; mais on peut en dire autant du despotisme. Confiez-le à un être essentiellement juste, éclairé, ferme, qui acquière chaque jour une nouvelle expérience et ne vieillisse pas, vous aurez un gouvernement tel qu'il n'en exista jamais : les chartes, les institutions, les garanties deviendront inutiles; le pouvoir unique, supposé divinement bon, tiendra lieu de tout et réalisera le bonheur absolu de la société. Mais cet être est purement imaginaire, la Providence n'ayant pas daigné jusqu'à présent prendre en main le gouvernement des peuples.

Il est bien plus conforme au bon sens et surtout à l'expérience des siècles, comme à celle de ces derniers jours, de supposer les institutions politiques dirigées par des hommes ambitieux et cupides, aveugles et injustes, et de chercher ce qu'elles ont en elles-mêmes de puissance et de durée; la résistance qu'elles peuvent opposer aux efforts incessants de leurs ennemis. Et, en vérité, la centralisation peut être aujourd'hui jugée; on l'a vue depuis cinquante ans au service de tous les gouvernements se montrer impropre à l'administration du pays, à moins qu'on n'appelle ainsi la fiscalité pure, l'accroissement constant de l'impôt et la part de plus en plus grande que Paris s'en attribue. Voyez les tendances du pouvoir improvisé au 24 février : malgré la ruine des finances, il supprime l'impôt du timbre par l'ordre des journalistes parisiens, sur qui il pèse spécialement ; il crée la garde mobile, qui n'est qu'une subvention déguisée des départements en faveur de Paris. Il faut que la ville s'amuse ; il y aura donc des fêtes, mais c'est nous qui les paierons : le budget municipal n'y contribuera point. Tout cela n'est point assez, et on y ajoute une armée de 120,000 hommes destinée uniquement à faire entendre des chants patriotiques, à discuter les théories nouvelles de socialisme, et aussi à porter docilement les noms des décemvirs dans l'urne électorale. Enfin, et comme compensation de tout ce ruineux gaspillage, le pouvoir, à la veille d'expirer, décrétera une grande entreprise d'utilité publique, quelque canal, quelque chemin de fer sans doute ; non, ce sera, si vous voulez bien, l'achèvement du Louvre : encore des millions à notre chère capitale.

Le but constant, la conséquence finale de la centralisation, c'est l'accumulation du capital disponible de la France sur un seul point. Cette injuste distribution de la fortune publique a pris des proportions de plus en plus menaçantes depuis la construction des lignes de fer. Au lieu de laisser chacune des contrées de la France développer ses conditions naturelles de prospérité, on a créé un système artificiel dans lequel il ne devait y avoir qu'une source unique de richesse, où toutes les sangsues allaient se gorger. On a pris pour un nouveau phénomène vital, ce qui n'était qu'un symptôme de mort, les palpitations déréglées du cœur et le refroidissement des extrémités.

Veut-on des chiffres? en voici d'assez éloquents : La statistique officielle divise la France en deux régions : celle du Nord et celle du Midi. Voyons comment s'est effectuée entre elles la répartition des chemins de fer.

CHEMINS DE FER ACHEVÉS AU 1er JANVIER 1845.

	Longueurs.	Sommes fournies par l'Etat à divers titres.
Dans le Midi.	368 kilomètres.	27 milllions.
Dans le Nord.	500 —	62 —

CHEMINS DE FER EN CONSTRUCTION.

	Longueurs.	Dépense totale présumée à la charge de l'Etat	Crédits ouverts jusqu'au 1er janvier 1846.
Midi.	709 kilomètres.	127 millions.	51 millions.
Nord.	2238 —	302 —	134 —

Ainsi, pendant que la région du Nord absorbait près de 200 millions, celle du Midi n'en obtenait pas 80. Lorsque le Nord aura été doté de 364 millions, le Midi en aura reçu 154, sur un budget auquel tous contribuent également.

Voici venir le projet de rachat des chemins de fer. Si on l'effectue où passeront nos écus ? Vous l'allez voir; c'est le ministre de l'intérieur qui le dit :

Section de Paris à Tonnerre.	30,000,000
— à Eperney.	20,000,000
— à Chartres.	8,000,000
Section de Tours à Angers, ce qui veut dire de Paris à Angers.	2,000,000
Section de Lille à Calais et Dunkerque, ce qui veut dire de Paris à Calais et Dunkerque.	10,000,000
Section de Dieppe à Rouen, lisez de Paris à Dieppe.	2,000,000
Total pour le Nord.	72,000,000

Qu'aura pour lui le Midi ? Rien.

Ce résultat n'est point dû, qu'on ne s'y trompe pas , à l'influence prédominante du Nord sur le Midi; c'est l'effet unique et inévitable de la centralisation. Avec ce système, mettez Paris dans tout autre lieu, et la zone, dans laquelle il exercera plus spécialement son action , s'enrichira aux dépens du reste du pays.

En matière de travaux publics , voici comment se résume l'effet de la centralisation : Qu'un certain nombre de départements, Paris compris surtout , aient un intérêt commun, vite on déclare le caractère de haute utilité publique et les millions sont prodigués. Mais d'où proviennent-ils ces millions ? En grande partie de départements isolés, qui n'ont aucun intérêt collectif à faire valoir. Que ceux-ci , à leur tour , réclament des travaux urgents, canalisation , redressement de rivières , routes nouvelles : Utilité privée, dira dédaigneusement l'administration, et ils seront réduits à leurs seules ressources amoindries de toute l'immensité du budget central. Ainsi, donner aux riches et aux puissants , prendre aux faibles et aux pauvres, voilà tout le système.

Observez toute autre branche de la richesse publique, et vous trouverez la même relation d'iniquité. Paris se fera toujours la part du lion. Heureux ceux qui l'approchent, malheur aux autres, *vœ longinquis !*

Citons encore un remarquable exemple : Ouvrez le compte général de l'administration des finances, et vous y trouverez, sous la forme précise de doit et avoir, le résultat final de la centralisation. Parcourez *l'état de l'excédant de recette ou de dépense réalisé dans chaque département en* 1845, et vous verrez la dépense inférieure à la recette dans tous les départements, un très-petit nombre exceptés, dans lesquels des arsenaux ou des places fortes exigent des allocations considérables. Passez au département de *la Seine,* et vous lirez qu'à une recette de 152 millions correspond une dépense de 527 millions; c'est-à-dire, que la liste civile annuelle de Paris est de 374 millions, à peu de chose près le produit des quatre contributions directes. Mesurons tout de suite l'objection qui se dresse : c'est la dette qui cause uniquement cette différence. Et, d'abord, cela fût-il vrai, que nous verrions dans ce fait de Paris, devenu notre unique créancier, un symptôme grave de cette funeste maladie dont la France est atteinte. Mais nous savons, par les documents officiels, qu'il n'est payé à Paris sur la dette publique que 108 millions de francs, chiffre assez notable déjà, lorsque la dette inscrite en 5 p. %, 4 1/2, 4 et 3 p. % ne s'élève qu'à 170 millions, non compris, bien entendu, le créancier fictif et peu exigeant, comme on sait, qui a nom : amortissement.

Ainsi, *plus d'un million par jour*, voilà ce qu'à des titres divers, mais tous plus ou moins injustes, nous coûte l'administration centralisée. Que l'on s'étonne après cela que le régime déchu fût parvenu, malgré trente-trois ans de paix, à fonctionner avec un déficit *journalier* de 760,000 fr., lequel déficit sous le Gouvernement provisoire s'est élevé à 2,500,000 fr.

Eh bien ! par une insultante dérision, c'est cette administration coupable, imprévoyante jusqu'à la folie, qui prétendra s'ériger en juge de votre modeste administration départementale ou communale; c'est elle qui vous refusera la faculté de faire le plus petit emprunt destiné à couvrir une dépense d'utilité locale. Et cela se conçoit aisément. Ne faut-il pas qu'elle absorbe votre crédit comme vos revenus ? Si vos dépenses départementales prenaient trop d'extension, la faculté contributive ayant après tout des limites, la liste civile de la capitale en souffrirait, et, comme tous les souverains, elle est jalouse de ses priviléges; ne faut-il pas, on vous l'a dit, qu'elle consomme, boive et mange, joue la comédie et s'amuse pour tout le pays. Ceci n'est pas une simple boutade de pamphlétaire, mais un fait positif consacré par la statistique officielle.

QUANTITÉ DE CHAQUE DENRÉE CONSOMMÉE PAR HABITANT.

	FROMENT.	BŒUF.	VEAU.	MOUTON.	PORC.
	hect.	kil.	kil.	kil.	kil.
France continentale. .	1.72	6.76	2.19	2.19	8.66
Ariége.	0.89	2.92	1.72	0.72	10.78
Seine.	2.75	30.09	5.95	9.34	8.00

Ainsi, un habitant de la Seine, un de nos maîtres, exige pour sa table trois fois plus de pain blanc, quinze fois plus de bœuf, treize fois plus de mouton qu'un humble et paisible habitant de l'Ariége, et comme il travaille moins que ce dernier, il est clair qu'il ne peut se passer d'une subvention dont les départements font les frais.

On pourrait indéfiniment continuer ces raprochements, ils offriraient toujours le même résultat, la preuve de notre exploitation.

Résumons l'effet de la centralisation aux trois points de vue de la nationalité, des libertés publiques et de la prospérité générale.

Quant à la grandeur nationale, deux dates néfastes, 1814 et 1815; un fait incontestable, l'éloignement de toutes les provinces conquises, leur désaffection : voilà qui suffit amplement à faire voir que cette grandeur n'est pas liée à la centralisation.

Pour les libertés publiques, nous ne voudrions que les faits de chaque jour, mais une citation d'un observateur attentif des institutions américaines ne sera pas inutile. Le jugement de M. de Tocqueville a d'autant plus de valeur, qu'il est antérieur de beaucoup à la révolution de février, et qu'on ne peut, par conséquent, le supposer dirigé contre elle. Le voici :

« S'il venait jamais à se fonder une république démocratique
» comme celle des Etats-Unis, dans un pays où le pouvoir d'un
» seul aurait fait passer, dans les habitudes comme dans les lois,
» la centralisation administrative, le despotisme dans une sem
» blable république deviendrait plus intolérable que dans aucune
» des monarchies de l'Europe. Il faudrait passer en Asie pour
» trouver quelque chose à lui comparer. »

Enfin, la prospérité publique, on le sait, est essentiellement liée à la situation financière, ou, pour mieux dire, c'est la même chose. Eh bien, en deux mots, le gouvernement de la centralisation est en banqueroute permanente. Depuis cinquante ans, pas un ministère ne s'est constitué sans accuser son prédécesseur de la ruine des finances, et tous disaient vrai.

Quand le budget se compte par milliards, le vertige saisit l'homme le plus ferme, déconcerte les plans déconomie rêvés dans l'opposition, et fait d'un homme austère de la veille un impudent gaspilleur du lendemain.

Lecteur, ami de la vérité et du bien de votre pays, je ne vous dirai pas : Croyez-moi, mais je vous dis : Etudiez cette question, elle en vaut la peine ; écartez surtout, pour la juger, toutes les idées admises sans examen sur la foi des journalistes parisiens ; adoptez, au contraire, toute conclusion appuyée sur les faits, et je ne doute pas du résultat de vos études.

Quand vous entendrez d'ailleurs un homme intelligent défendre a centralisation, grattez cet homme, et vous retrouverez toujours le pensionnaire direct ou indirect, présent ou futur du trésor public, ou d'une caisse parisienne quelconque que nous alimentons.

Dans une feuille prochaine, nous proposerons d'urgentes réformes ; nous en montrerons les heureuses et infaillibles conséquences.